Postales de invierno

José Antonio Pleguezuelos Sánchez
Ilustraciones: Emilia Ortiz Cuenca

ISBN: 978-84-15243-98-4
Deposito Legal: 1/2025
Archivo General de Ceuta,
Plaza de África 1,
51001 Ceuta.
956 52 81 84 - 956 52 82 06.
www. ceuta.es/archivo, archivo@ceuta.es

ÍNDICE

Introducción

Al concluir mi anterior poemario dedicado a los niños de Ceuta, *Tres estaciones*, me quedé con la duda de escribir sobre la cuarta estación: el invierno. Esta duda se desvaneció cuando presenté el librito a los alumnos del CEIP Ramón y Cajal, en la Biblioteca Pública del Estado en Ceuta "Adolfo Suárez". En aquella radiante mañana de octubre del año 2023, de la que me quedé impresionado por el magnífico trabajo que habían realizado los profesores y la aplicación incondicional de los propios alumnos, percibí que sentían el poemario como algo propio, a la vez que me sugirieron que escribiese sobre la estación que faltaba.

Quizá estaba esperando este sincero impulso, por lo que pronto se disiparon las dudas y me puse a ello. El resultado ha sido un reducido poemario, recogido con el título de *Postales de invierno*, que también, como el anterior, destila sencillez y proximidad, a la par que está repleto de vivencias. Igualmente, considero que con este segundo trabajo se cierra un ciclo. Un ciclo que abarca casi medio centenar de pequeñas historias, donde más que profesionalidad sobrevuelan por sus palabras y silencios el aleteo poético del corazón y las sensaciones vitales, y donde la franqueza, el cariño y el amor por mi patria chica intentan disimular las carencias técnicas del que suscribe.

En cuanto al contenido, se ha optado por la misma fórmula que *Tres estaciones*: introducción, cuerpo, que consta de dieciséis poemas, y el glosario, que ayudará a la mejor comprensión de los textos. Con respecto a las ilustraciones, solo puedo añadir que han superado a las del anterior librito. La mano maestra y delicada, y el ánimo abierto de Emilia Ortiz Cuenca han conseguido plasmar con sobrada solvencia una galería de obras muy en consonancia con el texto; un maridaje y una superación que comprobará y percibirá el lector nada más entrar en contacto con el papel. Ilustraciones que, sin lugar a dudas, brillan con luz propia.

En el capítulo de agradecimientos tengo que citar de manera rotunda a la Consejería de Cultura de la Ciudad Autónoma de Ceuta y al Archivo General de Ceuta y a su archivera, Rocío Valriberas, que, sin su mente abierta y su alma generosa, no hubiese sido posible esta publicación, y, cómo no, a su equipo. Tampoco me puedo olvidar de la Biblioteca Pública del Estado en Ceuta "Adolfo Suárez", que colabora de manera eficaz en la difusión de los libros, y por supuesto de Patricio Escalona, de Paco Pérez y de José Villalba, quienes con sus conocimientos y habilidades me han ayudado desinteresadamente para que este proyecto saliera adelante. Entre todos, las cosas suelen ser más fáciles, y, en esta ocasión, así ha sido.

Del mismo modo, me gustaría cerrar esta introducción dejando constancia de la labor callada, perseverante y paciente de los docentes que, con su quehacer diario, sacando energías de donde no las hay, trabajan sin descanso para que nuestra sociedad sea más inteligente, formada, justa y solidaria, pues es de todos sabido que la educación es la base y la palanca de cualquier progreso social.

También me gustaría que los alumnos siguieran esforzándose y no desmayaran en el empeño para conseguir sus objetivos en la vida y, sobre todo, para ser mejores personas.

El autor

Postales de invierno

Recuerdo aquel día

Recuerdo aquel día
de una fría mañana,
Sierra Bullones amaneció
con su cumbre nevada.

Iba camino de la escuela,
con la mochila a la espalda,
eran cerca de las nueve,
toda Ceuta estaba helada.

Llevaba guantes, abrigo,
gorro y una larga bufanda.
Iba tan abrigado que
llevaba la cara tapada.

Recuerdo aquel día
por la blanca montaña
y el cielo cristalino
de una fría mañana.

La estrella de mar

Una estrellita del cielo
paseaba sola en la nada,
se perdió por el camino
y se encontró con el agua.

Llegó al fondo del mar,
donde construyó su casa.
Pronto hizo muchos amigos:
conchas, corales y algas.

Ahora vive contenta,
siempre acompañada,
rodeada de todos ellos
en su nueva estancia.

Tormenta en el Estrecho

Andando por la Marina
una noche de invierno,
una terrible tormenta
descargó sobre el Estrecho.

El viento enfurecido
soplaba sin miramientos,
doblegando las palmeras,
tirando las palmas al suelo.

Los cegadores relámpagos
iluminaban el negro cielo,
y el peñón de Gibraltar se veía
como un fantasma de fuego.

Una miríada de rayos y truenos
quebraba al corazón más fiero, y
el cielo gruñía, rugía y crujía como
un gigante del Averno.

La mar embravecida
parecía un rudo guerrero,
alzando montañas de agua
con albas crestas de acero.

Pero llegando a mi casa
cesó aquel infierno,
y la tormenta se marchó
lanzando lejanos lamentos…

¡Broomm! ¡Broomm! ¡Broomm!
Lanzando lejanos lamentos…

Tras la tormenta

La terrible tormenta
dio paso a la calma,
y amaneció un nuevo día
vestido de oro y grana.

Era fría y transparente
la renovada alborada,
hacía revivir a la gente
el aire que se respiraba.

El horizonte era infinito,
la mar era una balsa.
La tierra desprendía
aromas de lavanda.

La fortaleza del Hacho
el cielo cian recortaba,
parecía un cuadro de
Bertuchi, el de Granada.

Por el Puente del Cristo
el agua corría serena y clara,
las estelas de las barquitas
senderos de nácar trazaban.

Y los niños, en las escuelas
viejas canciones cantaban,
todo era idílico en la
Ceuta de aquella mañana.

El perro callejero

Iba por la calle cuando
me encontré con un perro.
Era blanco y canela,
y no tenía dueño.

Su colita se movía
como una hoja al viento.
Tenía los ojos trasparentes
como el aire fresco.

Me acerqué a saludarlo
lleno de misterio,
su cuerpo temblaba,
se mostraba inquieto.

Su mirada lo decía todo,
estaba tirado en el suelo.
Soñaba una nueva vida,
buscaba cariño y consuelo...

Era una triste mañana

Hace muchos años, en Ceuta,
como surgido de la nada,
apareció un enorme cachalote
varado en una playa.

Había nacido en la Macaronesia,
entre las Azores y las Canarias,
al menos tenía setenta años,
se le veía la vista azorada.

Había luchado contra todos:
peces, tiburones, mantarrayas…,
y terribles calamares gigantes
en las profundas aguas.

Su respiración era débil,
su piel de cicatrices marcada,
apenas si tenía fuerzas,
la vida se le escapaba.

Allí murió el viejo cetáceo
curtido en mil batallas,
allí halló su camposanto,
era una triste mañana.

Pido un deseo

Subo a la azotea
para ver las estrellas.
De luto está la noche,
hay luna nueva.

Las estrellas parecen
chinchetas de plata,
que alfombran el cielo
de una noche mágica.

Una estrella fugaz
cruza el firmamento
con sus cabellos dorados,
en un hondo silencio.

Entonces, pido un deseo,
y mi corazón me ha dicho
que haya paz en la Tierra
y sean dichosos los niños.

Dale la mano

Dale la mano
cuando cruce de acera.
¡No lo olvides,
puede ser tu abuela!

Tu abuela o tu abuelo,
tu abuelo o tu abuela,
dale tu corazón y la mano
cuando cruce de acera.

Y entonces escucharás
unas alegres castañuelas:
"Taca, taca, taca, ta…",
cuando cruce de acera.

El delfín

En la bahía de Benzú
vivió un delfín pequeño,
que perdió a su madre en
un temporal de invierno.

Allí creció comiendo
jureles, sardinas,
calamares, toninos,
boquerones y lubinas.

Hizo muchas amistades:
erizos, coquinas,
medusas, cangrejos,
morenas y corvinas.

Pero fue más feliz
con su compañera.
Era alegre y lozana,
se llamaba Sirena.

Tuvieron dos delfines
blancos y agrisados,
que nadaban con las olas
de un mar plateado.

Dormían acunados
por los rayos de la luna,
mecidos por la marea,
tapados con la espuma.

Los dos calcetines

Era un día de diciembre.
En una vieja chimenea
colgaban dos calcetines
repletos de quimeras.

Los había encontrado
entre antiguos cajones.
Los dos eran diferentes,
los dos de vivos colores.

Uno era de mi padre,
cuando era pequeño.
El otro era más antiguo,
lo perdió mi abuelo.

Contentos y calentitos,
allí vivían los dos juntos,
adornando la chimenea,
sonriendo al mundo.

La cabalgata

Por allá vienen los Reyes
montados en sus camellos,
traen muchos regalos,
tiran confetis y caramelos.

Es la noche de la cabalgata.
Es noche de frío invierno,
es la más bonita de todas,
la que colma los sueños.

"Yo he cogido un caramelo,
yo dos, yo tres y yo cuatro".
Decían alegres los pequeños
nerviosos e ilusionados.

Es la noche de la cabalgata,
la más bonita del año,
la que le gusta a los niños
de ahora y de antaño.

Las vinagretas

Ya ha llegado enero.
Las nuevas vinagretas
esmaltan el invierno,
flanquean las veredas.

Flores amarillas
entre verdes compañeras,
flores sencillas que
los campos hermosean.

Como cinco rayos de sol
son sus pétalos pequeños.
Cinco pétalos de ilusiones,
cinco pétalos de ensueño.

¡Humildes vinagretas
de la tierra nacidas,
los montes de Ceuta
habéis llenado de vida!

La cometa

Con papel de seda,
unas cañas viejas,
engrudo y un cordel
hice una cometa.

Tenía forma de rombo
y una hermosa cola,
flotaba en el aire
como una mariposa.

Subió hasta el cielo,
iba de arriba abajo,
se movía con soltura,
volaba con desparpajo.

Y mis pensamientos viajaban
al compás de su vuelo,
al compás de sus giros,
con los caprichos del viento.

El arcoíris

Entre oscuros nubarrones
y una azulada ventana
ha nacido un arcoíris
que todo el cielo abarca.

Es un arco asombroso
que cruza el horizonte,
es un arco maravilloso
que tiene siete colores:

Rojo, naranja, amarillo,
verde, añil, azul y violeta.
Todos son preciosos,
realzan la naturaleza.

Siete vivos colores
que son mis preferidos,
siete bellos colores
de la fantasía nacidos.

La bandada

Veinte gorriones
había en la hierba,
unos eran machos
y otros eran hembras.

Era al caer la tarde,
cuando el frío aprieta,
cuando el viento canta
y la lluvia arrecia.

Piaban sin parar,
saludándose sin reservas,
saltando de un lado a otro,
misterios de la Tierra.

De pronto alzaron el vuelo
cuando salió la luna llena,
marchando la bandada
a dormir con las estrellas.

Dos naranjas y dos limones

Dos naranjas
y dos limones,
son cuatro frutas
de dos colores.

Cuatro frutas
naranjas y amarillas,
cuatro frutas
traídas de Sevilla.

De Sevilla, la Giralda,
el limonero y el naranjo.
De Ceuta, la plaza de África,
el foso y el monte Hacho.

Glosario:

Albo: Blanco.

Antaño: En un tiempo pasado.

Averno: Infierno.

Azorar: Causar, o sentir, turbación o desasosiego.

Azores: Archipiélago portugués situado en el océano Atlántico.

Cachalote: Cetáceo que vive en los mares templados y tropicales, de 15 a 20 m de largo, de cabeza muy gruesa y alargada.

Camposanto: Cementerio.

Cetáceo: Se dice de los mamíferos pisciformes, marinos, algunos de gran tamaño, que tienen las aberturas nasales en lo alto de la cabeza, por las cuales sale el aire espirado.

Consuelo: Descanso y alivio de la pena, molestia o fatiga que aflige y oprime el ánimo.

Desparpajo: Suma facilidad y desembarazo en el hablar o en las acciones.

Doblegar: Doblar o torcer encorvando.

Engrudo: Masa comúnmente hecha con harina o almidón que se cuece en agua, y sirve para pegar papeles y otras cosas ligeras.

Evocar: Traer algo a la memoria o a la imaginación.

Firmamento: Bóveda celeste en que están aparentemente los astros.

Grana: Color rojo.

Lamentos: Queja con llanto y otras muestras de aflicción.

Luna nueva: La luna nueva o novilunio es una de las cuatro fases de la Luna en la que no se ve porque se encuentra entre el Sol y la Tierra.

Quimera: Aquello que se propone a la imaginación como posible o verdadero, no siéndolo.

Mariano Bertuchi Nieto: Artista granadino que vivió en Ceuta y pintó cuadros relacionados con esta ciudad.

Miríada: Cantidad muy grande e indefinida.

Macaronesia: Nombre colectivo de cinco archipiélagos del Atlántico Norte, más o menos cercanos al continente africano: Azores,Canarias, Cabo Verde, Madeira e islas Salvajes.

Rombo: Paralelogramo que tiene los lados iguales y dos de sus ángulos mayores que los otros dos.

Ufana: Satisfecha, alegre, contenta.

Varado: Encallado en la costa o en las peñas, o en un banco de arena.

Traslúcida: Cuerpo que deja pasar la luz, pero que no deja ver nítidamente los objetos.